Genussmomente

RACLETTE

EIN BUCH DER
EDITION MICHAEL FISCHER

INHALTS-VERZEICHNIS

GRUNDLAGEN

HAUPTZUTAT – KÄSE

Seine Wurzeln hat das Raclette bei unseren Nachbarn, den Schweizern. Im Gegensatz zur deutschen Gewohnheit wird dort jedoch ausschließlich der Käse unter dem Raclette-Gerät geschmolzen und landet dann auf Kartoffeln, Gewürzgurken und Silberzwiebeln. Was die traditionelle Schweizer Zubereitung und die deutsche Gewohnheit eint, ist der Fokus auf dem Käse. So sollten Sie immer genug klassischen Schweizer Raclettekäse parat haben, der schnell bräunt und gleichmäßig schmilzt. Mischen Sie die Raclette-Runde das nächste Mal mit ländertypischen Käsesorten auf. Besonders in Italien, Frankreich und Griechenland steht guter Käse hoch in Kurs und erfreut die Geschmacksknospen. Andere Ländergruppen – besonders Südamerika und der Orient – sind weniger bekannt für ihren Käse. Durch charakteristische Zutaten und Gewürze kommt dennoch Exotik-Feeling auf den Teller. Rechnen Sie beim Raclette in etwa mit 150 bis 200 g Käse pro Person und erweitern Sie Ihre Auswahl gern mit folgenden Käsesorten.

LÄNDERTYPISCHE KÄSESORTEN

Südamerika & USA: Cheddar

Italien: Gorgonzola, Mozzarella, Fontina, Ricotta, Parmesan

Frankreich: Brie, Camembert, Munster, Roquefort, Langres, Comté

Orient: Labneh (Frischkäse)

Griechenland: Frischkäse, Feta, Halloumi

Schweiz: Raclettekäse, Appenzeller, Gruyère

NÄHRWERTE

Auch wenn es beim Raclette-Essen eigentlich nicht auf die Kalorien ankommt, hier ein paar nützliche Angaben, zu den Nährwerten von Raclettekäse:

100 g Raclettekäse (45 % Fett i. Tr.) enthalten ca. 343 g kcal, 23 g Eiweiß und 28 g Fett.

DER PERFEKTE RACLETTE-ABEND

AUSWAHL DER REZEPTE

Wählen Sie für einen gemeinsamen Raclette-Abend mit Freunden oder der Familie am besten zwei Rezepte für besondere Pfännchen, ein bis zwei Beilagen und einen Dip aus. Erwarten Sie besonders hungrige Raclette-Liebhaber oder kennen Sie bestimmte Vorlieben Ihrer Gäste, können Sie Ihre Auswahl natürlich vergrößern und die Mengen erhöhen. Zusätzlich sollten Sie gutes Brot besorgen, da es immer eine tolle Ergänzung zu den Beilagen ist.

DAS RACLETTE-GERÄT

Jedes Raclette-Gerät sieht anders aus. Die meisten Exemplare sind mit acht Pfännchen ausgestattet. Wenn Sie eine kleine Gruppe einladen, können Sie jedem Gast zwei Pfännchen zur Verfügung stellen. So kann das eine gegessen oder neu beladen werden, während das andere vor sich hin brutzelt.

Die verschiedenen Raclette-Geräte unterscheiden sich nicht nur in der Optik, sondern auch in ihrer Temperatur. Bei einigen Geräten kann sie angepasst werden. Günstige Versionen können nur an- und ausgeschaltet werden. Zudem gibt es Exemplare, die zusätzlich mit Unterhitze ausgestattet sind. Diese ist besonders praktisch, wenn Sie krosse Pizza und Flammkuchen backen möchten. Generell hat jedes Gerät heiße und weniger heiße Bereiche. Ist Ihr Fleisch noch nicht ganz gar, können Sie es in einem weniger heißen Bereich fertig garen. Auch Fisch kann dort besonders gut zubereitet werden, da dieser hitzeempfindlich ist. Verlassen Sie sich beim Überbacken der Pfännchen und dem Grillen auf Ihr Gefühl. Sie werden mit Sicherheit erkennen, wann es fertig ist.

SÜSSE ÜBERRASCHUNG

Servieren Sie Süßmäulern unbedingt ein Dessert. Sie werden Augen machen, wenn klar wird, dass auch dieses mithilfe des Raclettes zubereitet wird. Damit werden Ihre Gäste sicherlich nicht rechnen! Bringen Sie am besten vorher alle herzhaften Zutaten in die Küche und sorgen Sie für saubere Pfännchen und frische Teller.

REZEPTE

SPÄTZLE-
Pfännchen

FÜR 4 PORTIONEN

- 5 Zwiebeln
- 3 EL Butter
- Salz
- 1 Pck. Spätzle (400 g; Kühlregal)
- 200 g Raclettekäse

SO GEHT'S

1 Die Zwiebeln schälen und in Ringe schneiden. In der Pfanne mit Butter knusprig braun braten. Ausreichend Salzwasser aufkochen, die Spätzle 2 Minuten darin kochen und anschließend abseihen.

2 Spätzle und Zwiebeln auf die Pfännchen verteilen. Jeweils mit 1 Scheibe Raclettekäse belegen und unter dem heißen Grill 3 Minuten überbacken.

MAC-AND-CHEESE-
Pfännchen

FÜR 4 PORTIONEN

- 2 EL grobes Meersalz
- 200 g Makkaroni
- 1 TL Sonnenblumenöl
- 1 Knoblauchzehe
- 50 g Sahne
- 60 ml Milch
- 150 g Cheddar-Schmelzkäse (7 Scheiben)
- ¼ TL scharfer Senf
- Salz
- 1 Msp. Cayennepfeffer
- 50 g Cheddar (am Stück)

SO GEHT'S

1 Ausreichend Wasser aufkochen und Salz hinzugeben. Die Makkaroni nach Packungsanweisung garen. Anschließend abgießen und mit Sonnenblumenöl mischen.

2 Den Knoblauch schälen und durch die Knoblauchpresse drücken. Sahne und Milch aufkochen, dann den Herd auf die geringste Stufe stellen. Den Schmelzkäse in Stückchen zerzupfen, dazugeben und in der warmen Mischung schmelzen. Dann Knoblauch, Senf, 1 Prise Salz und Cayennepfeffer einrühren und abkühlen lassen. Das Stück Cheddar klein reiben.

3 Erst die Nudeln mit Sauce in die Pfännchen geben, dann den geriebenen Cheddar darauf verteilen. Anschließend 3 Minuten im heißen Raclette-Gerät erhitzen.

FLAMMKUCHEN-
Pfännchen

FÜR 4 PORTIONEN

- Flammkuchenteig (Fertigprodukt; Kühlregal)
- 200 g saure Sahne
- 1 EL Sonnenblumenöl
- 1 EL Mehl
- Salz, Pfeffer
- 1 Zwiebel
- 80 g magere Speckstifte

SO GEHT'S

1 Den Flammkuchenteig auf die Größe der Raclette-Pfännchen zuschneiden. Die saure Sahne mit Öl und Mehl glatt rühren. Dann mit Salz und Pfeffer würzen. Die Zwiebel schälen und in Halbmonde schneiden. Die Speckstifte in ein Schälchen umfüllen.

2 Die kleinen Flammkuchen mit dem Sahne-Mix bestreichen und in jeweils ein Raclette-Pfännchen legen. Mit Zwiebeln und Speck belegen. Unter dem heißen Raclette-Grill 6 Minuten backen.

TIPP

Wenn das Gerät eine Unterhitze-Funktion hat, wird das Ergebnis besonders knusprig, wenn dieses zugeschaltet wird. Die Flammkuchen dann nur 4 Minuten backen.

GNOCCHI

caprese

FÜR 4 PORTIONEN

- 400 g Gnocchi (Fertigprodukt)
- 1 EL Olivenöl
- 250 g Kirschtomaten
- 3 EL Aceto balsamico
- Salz, Pfeffer
- 150 g Mini-Mozzarella-Kugeln

SO GEHT'S

1 Die Gnocchi nach Packungsanweisung etwa 2 Minuten mit 1 EL Öl in einer Pfanne anbraten. Die Kirschtomaten waschen, trocknen und vierteln, mit dem Essig mischen und mit Salz und Pfeffer abschmecken. Die Mini-Mozzarella halbieren.

2 Je 4–5 Gnocchi und ein paar Tomatenstücke jeweils in ein Pfännchen geben. Mit ein paar Mozzarella-Hälften toppen und etwa 5 Minuten unter dem heißen Raclette-Grill erwärmen.

CHILI-CON-CARNE-
Pfännchen

FÜR 4 PORTIONEN

- 1 Zwiebel
- 1 Knoblauchzehe
- 1 kleine Paprika
- 2 EL Olivenöl
- 250 g gemischtes Hackfleisch
- 1 EL Tomatenmark
- Salz, Pfeffer
- 1 TL rosenscharfes Paprikapulver
- ½ TL Chilipulver
- ¼ TL gemahlener Zimt
- 50 ml Rotwein
- 140 g Mais (Dose)
- 125 Kidneybohnen (Dose)
- 200 g gehackte Tomaten (Dose)
- 150 g Raclettekäse

SO GEHT'S

1 Zwiebel und Knoblauch schälen und getrennt fein würfeln. Die Paprika halbieren, putzen, waschen und ebenso würfeln. In einer beschichteten Pfanne das Olivenöl erhitzen. Darin Zwiebeln und Knoblauch glasig andünsten. Das Hackfleisch hinzugeben und bei starker Hitze krümelig braun braten. Die Paprikawürfel in die Pfanne geben und kurz anbraten. Das Tomatenmark dazugeben und mit der Masse vermengen. Salz, Pfeffer, Paprika-, Chili- und Zimtpulver einmischen und kräftig anbraten.

2 Mit dem Rotwein ablöschen und kurz aufkochen lassen. Mais und Kidneybohnen abgießen. Zusammen mit den Dosentomaten hinzugeben und bei mittlerer Hitze 30 Minuten garen. Dabei gelegentlich umrühren. Erneut mit Salz, Pfeffer und Chili abschmecken.

3 Jedes Pfännchen zu ⅔ mit Chili con Carne befüllen. Darauf jeweils 1 Scheibe Raclettekäse legen und anschließend unter dem heißen Grill 3 Minuten überbacken.

RATATOUILLE-
Pfännchen

FÜR 4 PORTIONEN

- 2 Zucchini
- 1 Aubergine
- Salz, Pfeffer
- Olivenöl
- 2 Tomaten
- 100 g passierte Tomaten
- 200 g Raclettekäse

SO GEHT'S

1 Zucchini und Aubergine waschen und in 2–3 mm dünne Scheiben schneiden. Die Aubergine mit 1 TL Salz mischen und 15 Minuten ziehen lassen. Dann mit kaltem Wasser abwaschen.

2 Zucchini- und Auberginenscheiben portionsweise mit etwas Olivenöl von beiden Seiten in einer Pfanne braten. Dann beiseitestellen und abkühlen lassen. Tomaten waschen, Strunk entfernen und ebenso in dünne Scheiben schneiden. Passierte Tomaten mit Salz und Pfeffer würzen.

3 Zucchini-, Auberginen- und Tomatenscheiben in die Raclette-Pfännchen verteilen. Mit 1 EL Tomatensauce toppen und mit Raclettekäse belegen. Anschließend 3 Minuten unter dem heißen Raclette-Grill garen.

MOUSSAKA-
Pfännchen

FÜR 4 PORTIONEN

- Salz
- 400 g festkochende Kartoffeln
- 1 Zwiebel
- 1 Knoblauchzehe
- 3 EL Olivenöl
- 200 g gemischtes Hackfleisch
- Pfeffer
- ½ Bund Petersilie
- 1 kleine Aubergine
- 2 Tomaten
- 150 g passierte Tomaten
- ½ TL edelsüßes Paprikapulver
- 200 g Raclettekäse

SO GEHT'S

1 In einem großen Topf ausreichend Salzwasser aufkochen. Die Kartoffeln waschen und 20–25 Minuten im Wasser garen. Anschließend das Wasser abgießen und die Kartoffeln abschrecken, pellen und auskühlen lassen. Dann in Scheiben schneiden.

2 Zwiebel und Knoblauch schälen und in feine Würfel schneiden. 1 EL Öl in einer Pfanne erhitzen. Zwiebel und Knoblauch glasig dünsten. Das Hackfleisch hinzugeben und krümelig braten. Abkühlen lassen und mit Salz und Pfeffer würzen. Zum Schluss die Petersilie waschen, trocknen, hacken und untermischen.

3 Die Aubergine waschen und quer in Scheiben schneiden. Mit 1 TL Salz vermischen und 15 Minuten ziehen lassen. Anschließend abspülen, abtrocknen und portionsweise im restlichen Öl anbraten. Die Tomaten waschen und in Scheiben schneiden. Die passierten Tomaten mit Salz, Pfeffer und Paprikapulver würzen.

4 In jedes Pfännchen 2 Kartoffelscheiben, etwas Hackfleisch, 1 Auberginenscheibe und 1–2 Tomatenscheiben legen. Ein wenig Tomatensauce darauf verteilen und mit Raclettekäse belegen. Unter dem heißen Raclette-Grill etwa 4 Minuten garen.

PIZZA-
Pfännchen

FÜR 4 PORTIONEN

Für den Teig
- 200 g Weizenmehl (Type 405)
- 10 g frische Hefe (ca. ¼ Würfel)
- Salz
- 1 TL flüssiger Honig
- 1 EL Olivenöl

Für den Belag
- 150 g Mozzarella
- 80 g Thunfisch in Öl (Dose)
- 1 kleine rote Zwiebel
- 200 g passierte Tomaten
- 1 TL getrockneter Oregano
- Salz, Pfeffer

SO GEHT'S

1 Das Mehl in eine Schüssel sieben und eine kleine Mulde in die Mitte drücken. Die Hefe hineinbröckeln. ¼ TL Salz, Honig und 3 EL Wasser dazugeben und leicht verrühren. 15 Minuten gehen lassen.

2 Weitere 70 ml Wasser und das Olivenöl dazugeben und zu einem geschmeidigen Teig verarbeiten. Die Arbeitsfläche mit Mehl bestäuben und den Teig für mindestens 5 Minuten kräftig durchkneten. In eine Schüssel geben, mit einem Geschirrtuch bedeckt 1 Stunde an einem warmen Ort gehen lassen.

3 Den Pizzateig auf einer bemehlten Arbeitsfläche ausrollen und in Rechtecke auf die Größe der Pfännchen zuschneiden oder ausstechen. Dann nebeneinander auf ein Schneidebrett legen und mit einem sauberen Geschirrtuch bedecken.

4 Den Mozzarella abtropfen lassen und grob reiben. Das Öl aus der Thunfischdose abgießen und den Thunfisch in einem Schälchen auflockern. Die Zwiebel schälen, halbieren und in dünne Halbmonde schneiden. Die passierten Tomaten mit Oregano, Salz und Pfeffer würzen.

5 Je 1 Teigstück in das Pfännchen legen. Mit Tomatensauce bestreichen, mit Thunfisch, Zwiebeln und Mozzarella bestreuen und mit Salz, Pfeffer und Oregano würzen. Unter dem Raclette-Grill bei Ober-/Unterhitze 5 Minuten garen.

TIPP

Die Pizzen lassen sich nach persönlichen Vorlieben, z. B. mit scharfer Salami, belegen.

BROTSALAT-
Pfännchen

FÜR 4 PORTIONEN

- 100 g Vollkornbrot (vom Vortag)
- 1 Knoblauchzehe
- 1 EL Olivenöl
- 2 Stängel Minze
- 2 Tomaten
- 1 EL Kapern (in Salz)
- 2 TL flüssiger Honig
- 100 g schwarze, große Oliven (ohne Stein)
- 1 rote Zwiebel
- 100 g Feta

SO GEHT'S

1 Den Backofen auf 180 °C (Ober-/Unterhitze) vorheizen. Das Brot in kleine Würfel schneiden. Knoblauch schälen, fein hacken und mit dem Olivenöl mischen. Die Minze waschen, trocken tupfen, ebenso hacken und hinzugeben. Den Mix mit den Brotwürfeln vermischen und in eine ofenfeste Form füllen. 15 Minuten im heißen Ofen (Mitte) kross backen. Dann abkühlen lassen.

2 Die Tomaten waschen, halbieren, den Strunk entfernen und klein würfeln. Kapern abwaschen und grob hacken. Mit den Tomaten unter den Honig mischen. Oliven in Ringe schneiden. Zwiebel schälen und in Halbmonde schneiden. Den Feta grob zerbröseln.

3 Jeweils eine Mischung aus Tomatenmix, Oliven, Zwiebeln und Brotwürfeln in die Pfännchen füllen. Mit Feta toppen und 3 Minuten unter dem heißen Raclette-Grill backen.

DUNKELBIERBROT

mit Raclettekäse-Füllung

FÜR 4 PORTIONEN

- 10 g Hefe
- 200 ml dunkles Weizenbier
- 1 EL Zucker
- 500 g Dinkelmehl (Type 630)
- Salz
- ½ TL Cayennepfeffer
- ½ TL Kümmel (ganz, nach Belieben mehr)
- 60 ml Olivenöl
- 150 g Raclettekäse
- 3 TL Preiselbeeren (Glas)
- grob gemahlener schwarzer Pfeffer
- 2 EL Pflanzenöl

Außerdem

- Bräter bzw. gusseiserner Topf mit Deckel (Fassungsvermögen ca. 3 Liter)

SO GEHT'S

1 Den Backofen auf 230 °C (Ober-/Unterhitze) vorheizen und den Bräter einige Minuten in den Ofen stellen, um ihn vorzuwärmen.

2 Für den Teig die Hefe mit Bier und Zucker verrühren und 10 Minuten ruhen lassen. Mehl, 1 TL Salz, Cayennepfeffer, Kümmel und Olivenöl beimischen. Die Masse zu einem Teig verkneten und 1 Stunde ruhen lassen.

3 Für die Füllung den Raclettekäse klein schneiden und mit den Preiselbeeren und 1 Prise schwarzem Pfeffer vermengen.

4 Für das Brot aus dem Teig kleine Kugeln formen, eine Mulde in die Mitte drücken und diese mit der Käsemasse füllen. Beim Verschließen aufpassen, dass die Käsefüllung komplett vom Teig umschlossen ist. Den Bräter mit dem Pflanzenöl einfetten, die Brotkugeln hineinlegen, diese mit etwas Wasser bepinseln, nach Belieben mit Kümmel bestreuen und nochmals 15 Minuten gehen lassen.

5 Die Brötchen im Bräter 1 Stunde abgedeckt im Ofen backen, nach 30 Minuten den Deckel abnehmen. Sollten die Brötchen oben zu dunkel werden, entweder die Temperatur etwas herunterstellen oder den Bräter oben mit Alufolie abdecken.

RACLETTE-BROT

mit Preiselbeeren

FÜR 4 PORTIONEN

- 8 Champignons
- 8 Scheiben Bauernbrot (Roggenbrot)
- 8 EL Preiselbeerkonfitüre
- Salz
- 8 Scheiben Raclettekäse
- Pfeffer

SO GEHT'S

1 Den Backofen auf 150 °C vorheizen (Ober-/Unterhitze), wenn vorhanden, die Grillfunktion einschalten. Die Champignons putzen, abbürsten, ggf. vorsichtig waschen und in Scheiben schneiden.

2 Die Brotscheiben mit der Preiselbeerkonfitüre bestreichen und mit etwas Salz bestreuen. Die Käsescheiben darauflegen und nach Geschmack mit Pfeffer bestreuen.

3 Das Raclette-Brot direkt auf einen Grillrost legen und im Backofen backen bzw. grillen, bis der Käse schmilzt. Das dauert etwa 1 Minute.

TIPP

Sie können das Brot auch vor dem Belegen toasten und dann in einem Pfännchen unter dem Raclette-Grill grillen.

WRAP-
Pfännchen

FÜR 4 PORTIONEN

- 3 Tortilla-Fladen
- 1 rote Paprika
- ½ Bund Frühlingszwiebeln
- 2 rote Chilischoten
- 200 g Emmentaler
- Salz, Pfeffer
- ½ TL edelsüßes Paprikapulver

SO GEHT'S

1 Die Tortilla-Fladen mithilfe einer Schere passend auf Pfännchengröße zuschneiden. Paprika, Frühlingszwiebeln und Chili waschen. Die Paprika vierteln, putzen und würfeln. Die Frühlingszwiebeln schräg in Streifen schneiden. Die Chili in sehr dünne Streifen schneiden. Zum Schluss den Emmentaler reiben.

2 Jeweils 1 Tortilla-Fladen in die Pfännchen legen. Paprika, Frühlingszwiebeln und Chili darauflegen. Dick mit Käse bestreuen. Im heißen Raclette-Gerät etwa 3 Minuten überbacken. Herausnehmen, mit Salz, Pfeffer und Paprikapulver bestreuen und 1 weiteren Wrap auflegen. Dann erneut für 1 Minute unter den Grill schieben.

KORIANDER-
Kartoffeln

FÜR 4 PORTIONEN

- Salz
- 600 g kleine, dünnschalige Kartoffeln (z. B. Drillinge)
- ½ Bund frischer Koriander
- 3 EL Olivenöl
- 1 Granatapfel
- 200 g Raclettekäse
- Pfeffer

SO GEHT'S

1 In einem großen Topf ausreichend Salzwasser aufkochen. Die Kartoffeln waschen und 15–20 Minuten im Wasser garen, bis sie sich leicht einstechen lassen. Abschrecken und auskühlen lassen. Abhängig von der Kartoffelgröße halbieren oder vierteln. Den Koriander waschen, trocken tupfen und fein hacken. Zusammen mit Olivenöl unter die Kartoffeln mischen.

2 Granatapfel halbieren. Die aufgeschnittene Seite auf die offene Handinnenseite legen und diese über eine Schüssel in der Spüle halten. Dann mit einem Löffel auf den Granatapfel schlagen (auf die Finger aufpassen!) und dadurch die Granatapfelkerne auslösen.

3 Den Kartoffel-Mix mit Granatapfelkernen in ein Pfännchen geben und mit Raclettekäse belegen. Dann 3 Minuten unter dem heißen Grill backen. Mit Salz und Pfeffer würzen.

KÄSEFONDUE-Schnitten

FÜR 4 PORTIONEN

- 200 g Raclettekäse (am Stück)
- 1 Ei (Größe M)
- 2 EL Sahne
- 50 ml Weißwein
- Salz, Pfeffer
- 8 Scheiben Graubrot (in ca. 1 cm dicken Scheiben)

SO GEHT'S

1 Den Käse reiben und mit Ei, Sahne und Weißwein vermischen. Mit Salz und Pfeffer abschmecken. Die Brotscheiben halbieren oder dritteln, damit sie in die Raclette-Pfännchen passen.

2 Jeweils 1 Scheibe Brot in ein Pfännchen geben und 1 EL Käsemasse darauf verteilen. Unter dem heißen Raclettegrill 3 Minuten schmelzen.

SPIEGELEI MIT BACON

im Pfännchen

FÜR 4 PORTIONEN

- 150 g Bacon (in Scheiben)
- 4 Eier (Größe M)
- 2 EL Schnittlauch
- Salz, Pfeffer

SO GEHT'S

1 Den Bacon halbieren. Die Eier leicht verquirlen und in ein Kännchen geben. Den Schnittlauch waschen, trocknen und in Röllchen schneiden.

2 Erst etwas Ei ins Pfännchen geben, dann 2 Scheiben Bacon obenauf legen. In das heiße Raclette-Gerät schieben und in 3 Minuten stocken lassen. Herausnehmen und vor dem Verzehr mit Schnittlauch bestreuen sowie mit Salz und Pfeffer würzen.

MINI-SPINAT-
Quiches

FÜR 4 PORTIONEN

Für die Füllung
- 100 g TK-Spinat
- 1 kleine Schalotte
- 150 g Crème fraîche
- 1 Ei (Größe M)
- Salz, Pfeffer
- 1 Msp. gemahlene Muskatnuss

Für den Teig
- 80 g kalte Butter
- 100 g Mehl
- Salz

Außerdem
- 6 kleine Quiche-Förmchen (Ø 9 cm)

SO GEHT'S

1 Den Spinat am besten über Nacht auftauen lassen. Alternativ bei schwacher Hitze in einem kleinen Topf auf Zimmertemperatur erwärmen.

2 Für den Mürbeteig die Butter mit dem Handrührgerät cremig schlagen. Mehl und ¼ TL Salz hinzufügen. Dann 40 ml kaltes Wasser in kleinen Portionen dazugeben, bis ein geschmeidiger Teig entsteht. Den Teig zu einer Kugel formen und 30 Minuten kühlen.

3 In der Zwischenzeit die Schalotte fein würfeln und mit Crème fraîche und Ei verquirlen. Den Spinat untermischen. Mit Salz, Pfeffer und Muskatnuss würzen.

4 Den Backofen auf 160 °C (Umluft) vorheizen. Den Mürbeteig in 6 Portionen teilen und auf einer bemehlten Arbeitsfläche ausrollen. In die Quiche-Förmchen legen. Die Spinatmischung einfüllen und glatt streichen. Die Quiches 20 Minuten backen. Lauwarm oder kalt servieren.

GURKENSALAT

mit scharfen Kichererbsen

FÜR 4 PORTIONEN

- 1 TL Kokosöl
- 200 g Kichererbsen (Glas)
- 1 EL Sojasauce
- ¼ TL Cayennepfeffer
- 1 kg gemischte Bio-Gurken (Landgurken, kleine Gurken oder Salatgurken)
- 70 g Joghurt
- 1 Bio-Limette
- Salz
- Pfeffer
- je ½ Bund Dill und Minze
- 1 EL Senfsamen
- 150 g Feta

SO GEHT'S

1 Das Kokosöl in einer Pfanne erhitzen und die Kichererbsen darin von allen Seiten anschwitzen. Die Sojasauce hinzufügen und unter gelegentlichem Rühren bei mittlerer Hitze einköcheln lassen. Die Kichererbsen mit Cayennepfeffer würzen und abkühlen lassen.

2 In der Zwischenzeit die Gurken waschen, trocken tupfen und ungeschält in dünne Scheiben schneiden. Den Joghurt in eine große Schüssel geben. Die Schale der Limette abreiben und die Limette anschließend auspressen. Den Joghurt mit 1 TL Salz, Limettensaft und -schale sowie etwas Pfeffer abschmecken.

3 Dill und Minze waschen und trocken schütteln, die Minzblätter von den Stielen abzupfen. Die Kräuter fein hacken. Kräuter, Gurkenscheiben und Kichererbsen zum Joghurt geben.

4 Die Senfsamen im Mörser grob zerstoßen, den Feta mit den Händen zerkrümeln. Den Gurkensalat in einer großen Schale anrichten, die Senfsamen darüberstreuen, den Feta über den Salat geben und servieren.

ZIEGENKÄSESALAT

mit Aprikosen und Datteln

FÜR 2 PORTIONEN

- 4 getrocknete Aprikosen
- 2 getrocknete Datteln
- 100 ml heiße Gemüsebrühe
- 1 Orange
- Salz, Pfeffer
- je 1 Prise gemahlener Zimt, Piment und Cayennepfeffer
- 1 EL Sherryessig
- 1 EL Olivenöl
- 100 g Pflücksalatblätter
- 1 Rolle Ziegenkäse (200 g)

Außerdem

- 1 TL getrocknete Goji-Beeren (nach Belieben)
- je 1 EL Hanfsamen und geröstete Nüsse oder Kerne (nach Belieben)
- etwas frische Petersilie (nach Belieben)

SO GEHT'S

1 Für das Dressing Aprikosen und Datteln klein schneiden und mit heißer Gemüsebrühe übergießen. Einige Minuten ziehen lassen. Die Orange auspressen und den Orangensaft zugießen. Alles mit einem Stabmixer pürieren. Mit Salz, Pfeffer, Zimt, Piment und Cayennepfeffer würzen und zuletzt Sherryessig sowie Olivenöl unterrühren.

2 Den Backofen auf 200 °C (Umluft 180 °C) mit Grillstufe vorheizen und ein Backblech mit Backpapier auslegen. Die Pflücksalatblätter waschen und gründlich abtropfen lassen.

3 Ziegenkäse in 8 dünne Scheiben schneiden, auf das Backblech legen, mit etwas Olivenöl beträufeln und mit Salz und Pfeffer würzen. Im Backofen auf der mittleren Schiene 3–4 Minuten grillen.

4 Die Pflücksalate mit dem Dressing (etwas zurückbehalten) locker vermengen und auf zwei Teller verteilen. Die gegrillten Ziegenkäsescheiben auf den Salattellern verteilen und mit Dressing beträufeln. Nach Belieben mit Goji-Beeren, Hanfsamen, gerösteten Nüssen oder Kernen und etwas frischer Petersilie garnieren.

COLE-SLAW-
Salat

FÜR 4 PORTIONEN

- ½ kleiner Kopf Weißkohl
- 2 Möhren
- 1 Zwiebel
- ½ Zitrone
- 1 TL brauner Zucker
- 5 EL lauwarme Gemüsebrühe
- 2 EL Weißweinessig
- 100 g Salatcreme (z. B. Miracle Whip®; alternativ Mayonnaise)
- Salz, Pfeffer

Außerdem

- etwas Petersilie (nach Belieben)

SO GEHT'S

1 Den Weißkohl vierteln, den Strunk entfernen, putzen, waschen und auf einem Küchenhobel in feine Streifen schneiden. Die Möhren waschen, schälen und grob raspeln. Die Zwiebel schälen und fein würfeln.

2 Die Zitronenhälfte auspressen und aus Zitronensaft, Zucker, Gemüsebrühe, Weißweinessig und Salatcreme oder Mayonnaise eine Sauce rühren. Mit Salz und Pfeffer würzen und in einer Schüssel mit Weißkohlstreifen, Möhrenraspeln und Zwiebelwürfeln locker vermengen. Nochmals abschmecken. Die Schüssel mit Folie verschließen und den Salat zum Durchziehen mindestens 4 Stunden in den Kühlschrank stellen. Zum Servieren umfüllen und nach Belieben mit etwas Petersilie (gehackt oder gezupft) bestreuen.

FATTOUSH

Brotsalat mit Minze

FÜR 2 PORTIONEN

- 300 g Fladenbrot (vom Vortag)
- 6 EL Olivenöl
- 2 Frühlingszwiebeln
- 1 kleine Salatgurke
- 1 kleine Zucchini
- 1 rote Paprika
- 200 g aromatische Tomaten
- ½ Bund Minze
- einige Stängel Petersilie
- 2 Knoblauchzehen
- 1 Zitrone
- Salz, Pfeffer
- 1 kräftige Prise Sumach-Gewürz (nach Belieben)
- 1 kleine Handvoll Portulak (alternativ Blattsalat, in Streifen geschnitten; nach Belieben)

SO GEHT'S

1 Das Fladenbrot in mundgerechte Stücke schneiden. Die Hälfte des Olivenöls in einer beschichteten Pfanne erhitzen und darin die Brotstücke von allen Seiten 2–3 Minuten rösten.

2 Für den Salat die Frühlingszwiebeln putzen, waschen und fein hacken. Sämtliches Gemüse waschen. Die Salatgurke längs halbieren, mit einem Löffel die Kerne herausschaben und quer in dünne Streifen schneiden. Die Zucchini längs vierteln und quer in dünne Stücke schneiden. Die Paprikaschote halbieren, entkernen, den Stielansatz entfernen und in kleine Würfel schneiden. Die Tomaten vierteln, entkernen und klein würfeln.

3 Minze (etwas für die Deko zurückbehalten) und Petersilie waschen, trocken schütteln, die Blättchen abzupfen und fein hacken. Den Knoblauch schälen und durch die Knoblauchpresse zum restlichen Olivenöl pressen. Die Zitrone auspressen. Kräuter sowie Zitronensaft unterrühren. Mit Salz, Pfeffer und nach Geschmack mit Sumach würzen. Alle vorbereiteten Zutaten, nach Belieben auch den Potulak bzw. Blattsalat, in einer Schüssel locker vermengen.

TAPENADE

in zweierlei Versionen

FÜR 2–4 PORTIONEN

Für die schwarze Olivenpaste

- 100 g schwarze Oliven
- 3 eingelegte Sardellenfilets
- ½ Zitrone
- 1 EL Kapern
- 5 EL Olivenöl
- 1 EL gehackte Petersilie (nach Belieben)
- Pfeffer

Für die grüne Olivenpaste

- 2 Knoblauchzehen
- 100 g grüne Oliven mit Paprikafüllung
- ½ Zitrone
- 1 EL Kapern
- 7 EL Olivenöl
- etwas Cayennepfeffer und Salz (nach Belieben)

SO GEHT'S

Schwarze Tapenade

1 Die Oliven entsteinen, die Sardellenfilets kalt abspülen. Die Zitrone auspressen. Alles mit Kapern, Zitronensaft und Olivenöl in den Mixer geben und cremig fein pürieren.

2 Nach Belieben Petersilie unterrühren. Nicht salzen, nur pfeffern.

Grüne Tapenade

1 Den Knoblauch schälen und klein schneiden, die Oliven halbieren. Die Zitrone auspressen. Alles mit Zitronensaft, Kapern und Olivenöl in den Mixer geben und pürieren, bis eine cremige Paste entsteht.

2 Nach Belieben mit etwas Cayennepfeffer und Salz wurzen.

TIPP

Da grüne Oliven weniger Olivenöl enthalten, ist die Menge des Olivenöls im Rezept für die grüne Paste etwas größer.

PAPRIKA-DIP

& Kürbis-Hummus

FÜR 2–4 PORTIONEN

Für den Dip

- 2 große rote Paprika
- 1 Knoblauchzehe
- 3 Zweige Thymian
- 1 Orange
- 3 EL Olivenöl
- 1 TL Ahornsirup
- Salz, Pfeffer
- 1 TL Weißweinessig
- 3 EL Rauchmandeln
- je ½ TL edelsüßes Paprikapulver und gemahlener Kreuzkümmel

Für den Hummus

- 300 g Hokkaido-Kürbis
- 1 kleine Zwiebel
- 1 Knoblauchzehe
- 4 EL Olivenöl
- Salz, Pfeffer
- ¾ TL gemahlener Kreuzkümmel
- 1 Dose Kichererbsen (400 g Füllgewicht)
- 10 g frischer Ingwer
- 1–2 TL Zitronensaft

SO GEHT'S

Paprika-Dip

1 Paprika vierteln, putzen, waschen und die Viertel in etwa 1,5 cm große Stücke schneiden. Knoblauch schälen und in Scheiben schneiden. Thymian waschen, trocken schütteln, Blättchen abzupfen und fein hacken. Orange halbieren und den Saft auspressen.

2 Das Öl in einer beschichteten Pfanne erhitzen, die Paprikastücke darin bei starker Hitze anbraten, bis sie leicht bräunen. Den Knoblauch zugeben und weitere 2–3 Minuten bei mittlerer Hitze braten. Den Ahornsirup unterrühren, kurz karamellisieren, dann mit 5 EL Orangensaft ablöschen, salzen, pfeffern und bei schwacher Hitze offen in 20–25 Minuten weich dünsten. Dabei nach und nach den übrigen Orangensaft zugeben. Am Ende sollte alle Flüssigkeit sirupartig eingekocht sein. Den Thymian unter die Paprika rühren. Abkühlen lassen. Den Pfanneninhalt mit Essig und Mandeln fein pürieren. Mit Paprikapulver und Kreuzkümmel würzen. Nochmals mit Salz und Pfeffer abschmecken.

Kürbis-Hummus

1 Den Backofen auf 220 °C (Ober-/Unterhitze) vorheizen. Den Kürbis waschen, putzen und mitsamt der Schale in etwa 1,5 cm große Würfel schneiden. Die Zwiebel schälen und längs in etwa 1 cm breite Spalten schneiden. Den Knoblauch schälen und grob würfeln. Alles in einer kleinen ofenfesten Form mit 2 EL Öl mischen. Mit Salz, Pfeffer und ¼ TL Kreuzkümmel würzen. Im heißen Ofen (Mitte) 20–25 Minuten garen. Herausnehmen und abkühlen lassen.

2 Die Kichererbsen in ein Sieb gießen und abtropfen lassen, dabei die Einlegeflüssigkeit auffangen. Den Ingwer schälen und fein hacken. Die Kichererbsen mit Kürbis, Zwiebeln, Knoblauch, Bratöl, Ingwer, übrigem Kreuzkümmel, restlichem Öl und Zitronensaft mit dem Stabmixer fein pürieren. Mit Salz und Pfeffer abschmecken und in eine Schale füllen.

HEISSE HIMBEEREN

mit Polenta

FÜR 4 PORTIONEN

- Salz
- 125 g Maisgrieß (Polentamehl)
- 1 EL Zucker
- 2 EL Butter
- 150 g TK-Himbeeren
- 1 EL Vanillezucker

SO GEHT'S

1 500 ml Wasser mit Salz in einem ausreichend großen Topf aufkochen. Den Maisgrieß hinzufügen und kräftig einrühren, damit sich keine Klümpchen bilden. Alles aufkochen, dann mit geschlossenem Deckel und bei schwacher Hitze nach Packungsangabe 5–15 Minuten köcheln lassen. Zum Ende hin den Zucker einrühren.

2 Die Polenta auf ein mit Frischhaltefolie ausgelegtes Schneidebrett gießen und glatt verstreichen. Abkühlen lassen und anschließend in Rauten schneiden. Die Butter portionsweise in einer Pfanne erhitzen und die Polentaschnitten von beiden Seiten anbraten. Die Himbeeren auftauen lassen und mit Vanillezucker vermischen.

3 Polentaschnitten in die Pfännchen verteilen und mit den Himbeeren toppen. Etwa 5 Minuten unter dem heißen Grill erwärmen.

CRÊPES

im Pfännchen

FÜR 4 PORTIONEN

- 1 Ei (Größe M)
- 70 g Mehl
- Salz
- 140 ml Milch
- etwas Butter
- Nuss-Nugat-Creme
- 1 Banane

SO GEHT'S

1 Ei, Mehl und 1 Prise Salz verrühren. Dann langsam die Milch hinzugeben, bis ein flüssiger Teig entsteht. Den Teig 15 Minuten quellen lassen.

2 1 kleines Stückchen Butter in ein Pfännchen geben und unter dem Grill schmelzen. Dann etwa 2 EL Teig daraufgeben und verstreichen. Im Raclette-Gerät 4–5 Minuten backen. Nach Wunsch mit Nuss-Nugat-Creme und Bananenscheiben, alternativ mit Konfitüre oder Zimtzucker servieren.

GRIECHISCHER *Joghurt*

FÜR 4 PORTIONEN

- 40 g Walnusskerne
- 30 g Haselnusskerne
- 50 g flüssiger Honig
- 400 g griechischer Joghurt

SO GEHT'S

1 Walnuss- und Haselnusskerne grob hacken. Dann ohne Öl in eine Pfanne geben und rösten, bis sie duften. Mit dem Honig in ein Schälchen geben und vermischen. Den griechischen Joghurt in Schälchen anrichten.

2 Je 2 EL Honig-Nuss-Mischung in den Raclette-Pfännchen verteilen und 3–4 Minuten unter dem heißen Raclette-Grill erwärmen. Die Honignüsse auf dem Joghurt verteilen.

DULCE-DE-LECHE-
Brownies

FÜR 4 PORTIONEN

Für die Dulce de leche

- 400 g gezuckerte Kondensmilch (Dose)

Für die Brownies

- 50 g Schokolade
- 60 g Butter
- 50 g Mehl
- 1 EL Backkakao
- 50 g Zucker
- 1 Ei (Größe M)
- 30 ml Milch

SO GEHT'S

1 Für die Dulce de leche die gezuckerte Kondensmilch in drei Einmachgläser à 150 g verteilen. Dabei sollten mindestens 2 cm Platz zum Deckel bleiben. Die Gläser gut verschließen. Ein Geschirrtuch in einen tiefen Topf legen, damit die Gläser nicht verrutschen. Dann die drei Gläser darauf platzieren. Den Topf, bis die Gläser bedeckt sind, mit Wasser füllen, sonst platzen sie. Den Topf mit einem Deckel verschließen und das Wasser 2 Stunden köcheln lassen. Jede halbe Stunde kontrollieren, ob noch genug Wasser im Topf ist, und ggf. nachfüllen. Nach der Kochzeit die Gläser vorsichtig aus dem heißen Wasser heben und vollständig abkühlen lassen.

2 Für die Brownies die Schokolade hacken und zusammen mit der Butter über dem heißen Wasserbad schmelzen lassen. Anschließend vom Herd nehmen und handwarm abkühlen lassen. Mehl, Kakao und Zucker vermischen. Anschließend das Ei und die Schoko-Butter-Masse unterrühren. Dann die Milch untermischen.

3 Je 1 EL Teig in die Pfännchen füllen. Mit einem Löffel verstreichen und 7 Minuten backen. Zusammen mit der Dulce de leche servieren.

TIPP

Sie können den Teig für die Brownies auch vorbereiten und bis zum Servieren im Kühlschrank lagern. Da der Teig nun fester ist, diesen erst verstreichen, wenn das Pfännchen etwa 1 Minute unter dem heißen Raclette-Grill war. Die Backzeit kann sich dadurch ein wenig verlängern.

IMPRESSUM

Bibliografische Information der Deutschen Bibliothek.

Die Deutsche Bibliothek verzeichnet diese Publikation in der Deutschen Nationalbibliografie.

Detaillierte bibliografische Daten sind im Internet über http://www.dnb.de/ abrufbar.

EIN BUCH DER EDITION MICHAEL FISCHER

2. Auflage 2022

Reihengestaltung: Yvonne Witzan

Satz: Carolin Mayer

Projektleitung und Lektorat: Paulina Schick

Texte und Rezepte: Maria Panzer; außer: S. 6 (Nährwerte): Christina Wiedemann; S. 30, 32: Mora Fütterer; S. 44: Katharina Küllmer; S. 46, 48, 50, 52: Rose Marie Donhauser; S. 54: Tanja Dusy

Bilder: Maria Panzer, Offenburg; außer: S. 3 (rechts oben), 47, 49, 51: Nadja Buchczik, Bielefeld; S. 4: Jerome.Romme/Shutterstock; S. 6: Claudio Schwarz/Unsplash; S. 7: Valentyn Volkov/Shutterstock; S. 8: Alice Donovan Rouse/Unsplash; S. 9: beats1/Shutterstock; S. 31: Gudio Schmelich, Holzkirchen; S. 33: Volker Debus, Hamburg; S. 45: Katharina Küllmer, Kassel; S. 53: Tina Bumann, Bretten; S. 55: Julia Hildebrand & Ingolf Hatz, Bad Aibling

Coverfoto: Maria Panzer

ISBN 978-3-7459-0739-1

Gedruckt bei LEGRA Sp. z o.o., Albatrosów 10c, 30-716 Kraków, Polen

www.emf-verlag.de